Anne Scheller

30 kompakte Lesetests

für Klasse 1

Direkt einsetzbare Materialien zu Wort-, Satz- und Textebene für die Grundschule

Wir haben uns für die Schreibweise mit dem Sternchen entschieden, damit sich Frauen, Männer und alle Menschen, die sich anders bezeichnen, gleichermaßen angesprochen fühlen. Aus Gründen der besseren Lesbarkeit für die Schüler*innen verwenden wir in den Kopiervorlagen das generische Maskulinum. Bitte beachten Sie jedoch, dass wir in Fremdtexten anderer Rechtegeber*innen die Schreibweise der Originaltexte belassen mussten.

In diesem Werk sind nach dem MarkenG geschützte Marken und sonstige Kennzeichen für eine bessere Lesbarkeit nicht besonders kenntlich gemacht. Es kann also aus dem Fehlen eines entsprechenden Hinweises nicht geschlossen werden, dass es sich um einen freien Warennamen handelt.

1. Auflage 2024

Autorin: Anne Scheller
Umschlagfoto: AdobeStock #267959082; Urheber: taniasv
Covergestaltung: annette forsch konzeption und design, Berlin
Illustrationen: Kristina Klotz
Satz: fotosatz griesheim GmbH
Druck und Bindung: Korrekt Nyomdaipari Kft.
ISBN 978-3-403-**08836**-3

www.auer-verlag.de

Inhalt

Vorwort

Liebe Lehrkräfte,

Aller Anfang ist schwer, das gilt besonders für den Leseerwerb in Klasse 1. Dabei ist das Lesen eine der wichtigsten Schlüsselqualifikationen des 21. Jahrhunderts! Für den Prozess des Lesenlernens brauchen Sie in der Schule natürlich immer wieder passendes Material. Die *30 kompakten Lesetests für Klasse 1* sind nicht nur als alltägliches **Übungsmaterial** gedacht, sondern auch als **Lernzielkontrollen**. Alle Tests sind fertig aufbereitet und sofort einsetzbar: im **Unterricht**, als **Hausaufgabe** oder im **Homeschooling**. Das Heft beinhaltet 30 Tests in **drei Kapiteln**:

- Das erste Kapitel bietet zehn einseitige Tests zum Lesen von **Wörtern**. Die Schwierigkeit steigt an: von Silben, die zu Wörtern verbunden werden, sowie häufigen und lautgetreuen Wörtern über längere Wörter und solche mit schwierigen Buchstabenverbindungen bis hin zu Wortgruppen aus zwei bis vier Wörtern.
- Im zweiten Teil werden **Sätze** gelesen. Das Kapitel enthält ebenfalls zehn einseitige Tests. Auch in diesem Teil gibt es eine Progression: von kurzen Hauptsätzen über längere Sätze und Fragesätze bis hin zu Satzgefügen aus Haupt- und Nebensatz.
- Im dritten Teil üben die Kinder das Lesen von **Texten**. In diesem Kapitel werden fünf einseitige und fünf zweiseitige Tests angeboten. Die Text steigern sich im Laufe des Kapitels in Umfang und Schwierigkeit und sind zur Erleichterung stets in Fibelschrift und mit kurzen Zeilen gedruckt. Der Textumfang bleibt bis zum Ende überschaubar. Es gibt Geschichten, Sachtexte und Märchen.
- Im Anhang finden Sie eine **Urkunde** und ein **Lesezeichen**, die die Kinder als Belohnung erhalten können.

Das ganze Heft unterliegt einer **Progression** von Silben bis hin zu kurzen einseitigen Texten. Somit ist es für (fast) alle Lernstände in Klasse 1 nutzbar.
Die Arbeitsanweisungen werden durch **Piktogramme** unterstützt. Wiederkehrende Aufgabenformate erleichtern die selbstständige Arbeit mit dem Material.
Die Tests enthalten ein **Bewertungsraster** mit Punkten. In den **Lösungen** ist jeweils durch Fettdruck markiert, wofür Punkte vergeben werden (in der Regel ein Punkt pro Wort/Bild/Verbindung/Kreuz/Markierung; anderenfalls ist es angegeben). Smileys geben den Kindern eine sofortige Rückmeldung über ihren Lernstand.
Die **Themen** der Wörter, Sätze und Texte sind für Grundschulkinder spannend und umfassen unter anderem Alltagserlebnisse und Abenteuer, Freunde und Familie, Natur und Tiere.

Ein schönes Eintauchen in die unterschiedlichen Lesewelten und viel Erfolg wünscht

Anne Scheller

Wörter lesen: Aus Silben werden Wörter

Test 1

Name: Datum:

1. Immer zwei Silben bilden ein Wort.
Lies und verbinde. /5

Na	Ne	Ni	No	Nu
xe	del	se	te	bel

2. Welche Silbe ist richtig?
Lies und kreuze an. /5

☐ Li / ☐ Lo — mo

☐ Am / ☐ All — pel

☐ Ter / ☐ Tor — te

☐ Ba / ☐ Sa — lat

☐ Lei / ☐ Kei — ter

Gesamtpunktzahl:

0–4 Punkte: ☹ 5–7 Punkte: 😐 8–10 Punkte: ☺

Wörter lesen: Häufige Wörter

Test 2

Name: Datum:

1. In jeder Zeile steht ein Quatschwort.
Lies und streiche durch. /5

ja	zu	da	an	no
das	dres	der	die	dir
mein	dein	kein	trein	sein
wex	wer	wem	wen	wenn
und	oder	omme	ohne	aber

2. Das Wort **ist** kommt 5-mal vor.
Lies und kreise ein. /5

fast	ist	mit	sein
ist	er	hier	ganz
und	nein	weg	ist
bei	der	ist	das
sich	bin	ist	vor

Gesamtpunktzahl:

0–4 Punkte: 5–7 Punkte: 8–10 Punkte:

Wörter lesen: Zweisilbige Wörter

Test 3

Name:

Datum:

1. Lies und male. /8

Ufo	Feder
Käfer	Blume
Apfel	Insel
Roller	Schlüssel

Gesamtpunktzahl:

0–3 Punkte: ☹ 4–6 Punkte: 😐 7–8 Punkte: ☺

Wörter lesen: Reimwörter

Test 4

Name: ______________________ Datum: ______________

1. Was reimt sich?
Lies und verbinde.

 /5

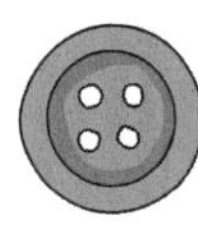    

Knopf	Berg	Lupe	Erde	Wal

Zwerg	Hupe	Herde	Kopf	Schal

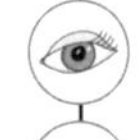

2. Was reimt sich nicht?
Lies und streiche durch.

/5

Hand	Wand	Wange	Land	Sand
Klee	Schnee	See	Laterne	Fee
Fluss	Nuss	Schluss	Kuchen	
Bein	Stein	Stern	Schwein	
Haus	Haut	Maus	hinaus	

Gesamtpunktzahl: ______

0–4 Punkte:  5–7 Punkte:  8–10 Punkte:

Wörter lesen: Farbwörter

Name: Datum:

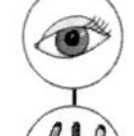

1. Lies und male.

 /4

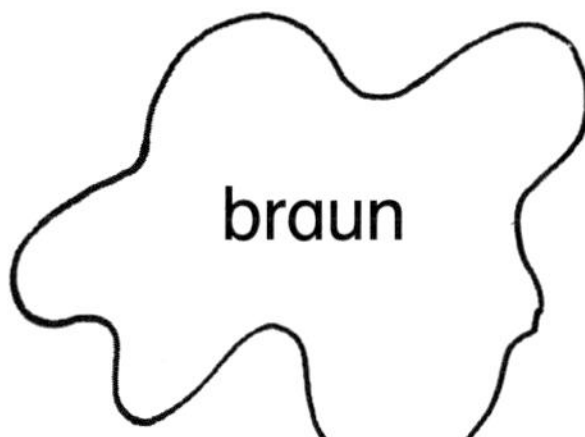

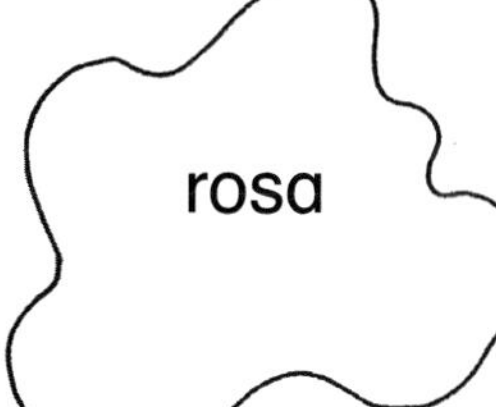

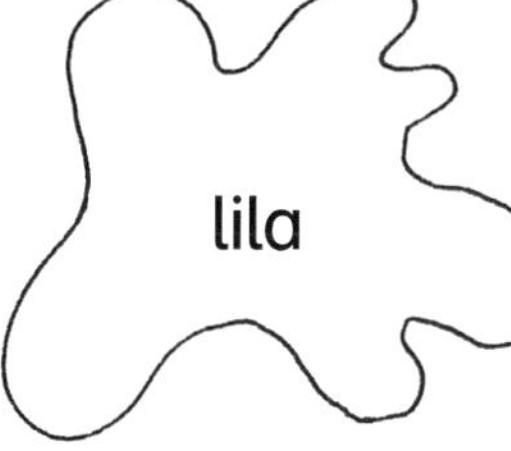

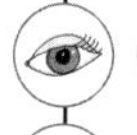

2. Lies und male.

 /6

1 = knallrot, 2 = dunkelblau, 3 = giftgrün,

4 = orange, 5 = sonnengelb, 6 = hellgrau

Gesamtpunktzahl:

0–4 Punkte: 5–7 Punkte: 8–10 Punkte:

Wörter lesen: Zusammengesetzte Nomen

Name: Datum:

1. Was siehst du?
Lies und kreuze an. ☐ /10

☐ Spielzeugauto ☐ Kuscheltier ☐ Latzhose ☐ Schreibtisch

☐ Schulranzen ☐ Bettdecke ☐ Schatzkarte ☐ Teelöffel

☐ Spielteppich ☐ Buntstifte ☐ Pferdeposter ☐ Wollmütze

☐ Turnschuhe ☐ Lesebuch ☐ Schlafanzug ☐ Saftglas

Gesamtpunktzahl: ☐

0–4 Punkte: 5–7 Punkte:  8–10 Punkte: 

Name: Datum:

1. Was siehst du?
Lies und kreuze an. ☐ /6

☐ vorlesen
☐ vierlesen

LESE-BUCH

☐ vorsieben
☐ vorsingen

☐ vertragen
☐ vortageln

☐ vorgehen
☐ vergelben

☐ vorschinken
☐ verschenken

☐ vergessen
☐ vergussern

2. Was siehst du?
Lies und verbinde. ☐ /4

ab		
	schreiben	
un		

Heute Lernen wir: Mama, Oma

um		
	armen	
ab		

hin		
	holen	
über		

weg		
	laufen	
mit		

Gesamtpunktzahl: ☐

0–4 Punkte: ☹ 5–7 Punkte: 😐 8–10 Punkte: ☺

Name: ____________________ Datum: ____________

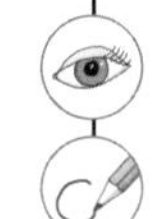

1. In der Schlange sind 10 Tiere versteckt.
Lies und kreise ein.

☐ /10

Gesamtpunktzahl: ☐

0–4 Punkte: ☹ 5–7 Punkte: 😐 8–10 Punkte: 

Wörter lesen: Zwei Wörter

Name:

Datum:

1. Lies und male. /10

ein Brot	zwei Bonbons
drei Bananen	vier Kirschen
fünf Käsescheiben	sechs Kekse
sieben Würstchen	acht Tomaten
neun Karotten	zehn Nudeln

Gesamtpunktzahl:

0–4 Punkte: 5–7 Punkte: 8–10 Punkte:

Wörter lesen: Mehrere Wörter

Name: ____________ Datum: ____________

1. Was siehst du?
Lies und kreuze an. ☐ /10

- ☐ ein Kletterseil
- ☐ drei Bäume
- ☐ vier spielende Kinder
- ☐ Opa auf dem Stuhl
- ☐ Tassen auf dem Tisch
- ☐ ein altes Haus
- ☐ viele Wolken
- ☐ große und kleine Blumen
- ☐ zwei schwarze Vögel
- ☐ Schmetterlinge am Busch
- ☐ eine große Schaufel
- ☐ die Sonne
- ☐ ein kläffender Hund
- ☐ ein neues Fahrrad
- ☐ Oma am Zaun

Gesamtpunktzahl: ☐

0–4 Punkte: ☹ 5–7 Punkte: 😐 8–10 Punkte: ☺

Name: Datum:

Wörter lesen: Aus Silben werden Wörter

Test 1

Name: Datum:

1. Immer zwei Silben bilden ein Wort.
Lies und verbinde. /5

Na	Ne	Ni	No	Nu
xe	del	se	te	bel

2. Welche Silbe ist richtig?
Lies und kreuze an. /5

- X Li / Lo – mo
- X Am / All – pel
- Ter / X Tor – te
- Ba / X Sa – lat
- X Lei / Kei – ter

Gesamtpunktzahl:

0–4 Punkte: 5–7 Punkte: 8–10 Punkte:

5

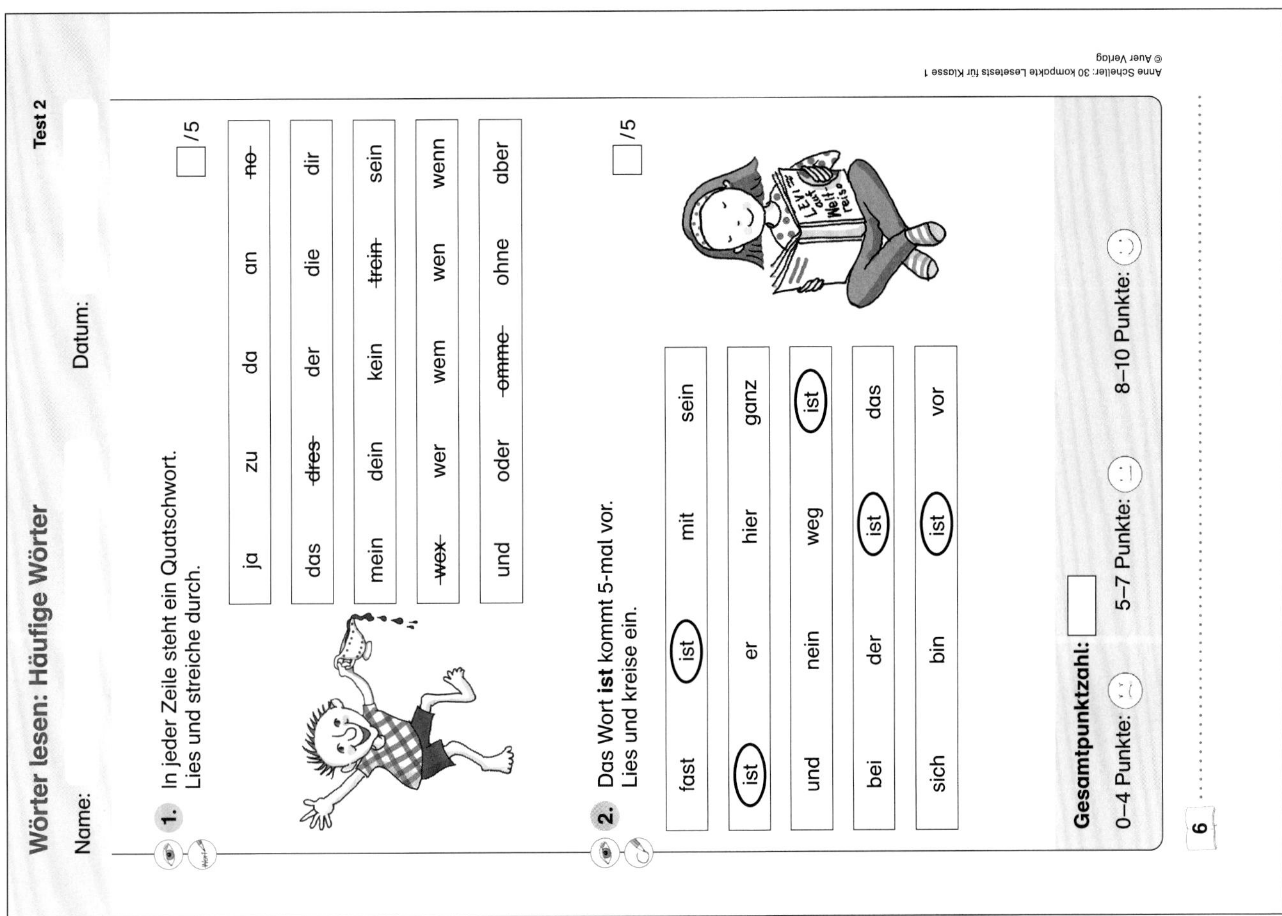

Wörter lesen: Häufige Wörter

Test 2

Name: Datum:

1. In jeder Zeile steht ein Quatschwort.
Lies und streiche durch. /5

ja	zu	da	an	~~no~~
das	~~dres~~	der	die	dir
mein	dein	kein	~~trein~~	sein
~~wex~~	wer	wem	wen	wenn
und	oder	~~omme~~	ohne	aber

2. Das Wort **ist** kommt 5-mal vor.
Lies und kreise ein. /5

fast	(ist)	mit	sein
(ist)	er	hier	ganz
und	nein	weg	(ist)
bei	der	(ist)	das
sich	bin	(ist)	vor

Gesamtpunktzahl:

0–4 Punkte: 5–7 Punkte: 8–10 Punkte:

6

Name: Datum:

Wörter lesen: Zweisilbige Wörter

Test 3

Name: Datum:

1. Lies und male. **Individuelle Lösungen** /8

Ufo	Feder
Käfer	Blume
Apfel	Insel
Roller	Schlüssel

Gesamtpunktzahl:

0–3 Punkte: ☹ 4–6 Punkte: 😐 7–8 Punkte: ☺

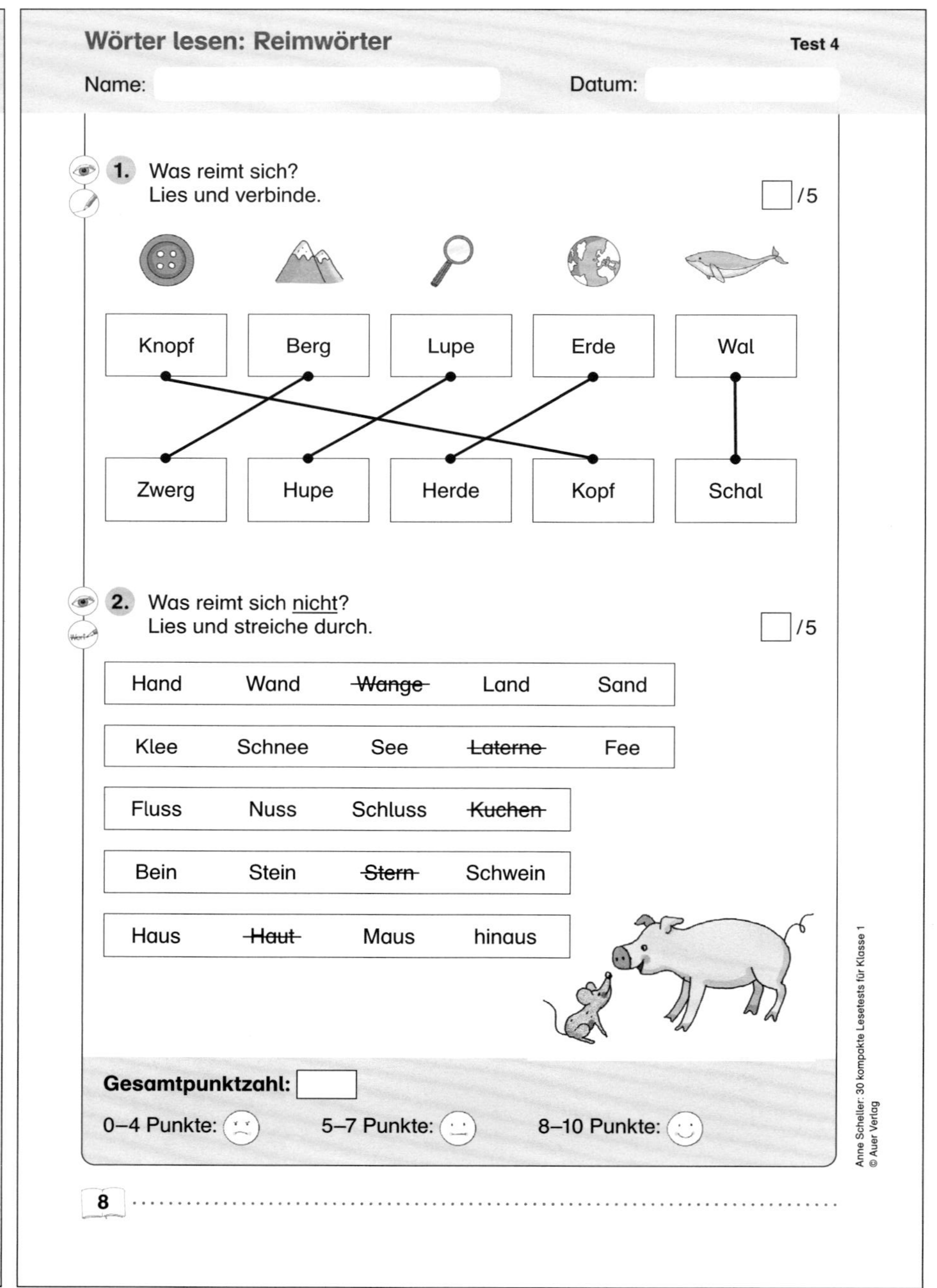

Wörter lesen: Reimwörter

Test 4

Name: Datum:

1. Was reimt sich? Lies und verbinde. /5

Knopf – Kopf, Berg – Zwerg, Lupe – Hupe, Erde – Herde, Wal – Schal

Knopf	Berg	Lupe	Erde	Wal
Zwerg	Hupe	Herde	Kopf	Schal

2. Was reimt sich nicht? Lies und streiche durch. /5

Hand	Wand	~~Wange~~	Land	Sand
Klee	Schnee	See	~~Laterne~~	Fee
Fluss	Nuss	Schluss	~~Kuchen~~	
Bein	Stein	~~Stern~~	Schwein	
Haus	~~Haut~~	Maus	hinaus	

Gesamtpunktzahl:

0–4 Punkte: ☹ 5–7 Punkte: 😐 8–10 Punkte: ☺

Name: Datum:

Wörter lesen: Farbwörter

Test 5

Name: Datum:

1. Lies und male. /4

braun rosa weiß lila

2. Lies und male. /6

1 = knallrot, 2 = dunkelblau, 3 = giftgrün,

4 = orange, 5 = sonnengelb, 6 = hellgrau

Gesamtpunktzahl:

0–4 Punkte: 5–7 Punkte: 8–10 Punkte:

Wörter lesen: Zusammengesetzte Nomen

Test 6

Name: Datum:

1. Was siehst du?
Lies und kreuze an. /10

X Spielzeugauto	X Kuscheltier	☐ Latzhose	X Schreibtisch
X Schulranzen	X Bettdecke	X Schatzkarte	☐ Teelöffel
☐ Spielteppich	X Buntstifte	☐ Pferdeposter	☐ Wollmütze
☐ Turnschuhe	X Lesebuch	X Schlafanzug	X Saftglas

Gesamtpunktzahl:

0–4 Punkte: 5–7 Punkte: 8–10 Punkte:

Name: Datum:

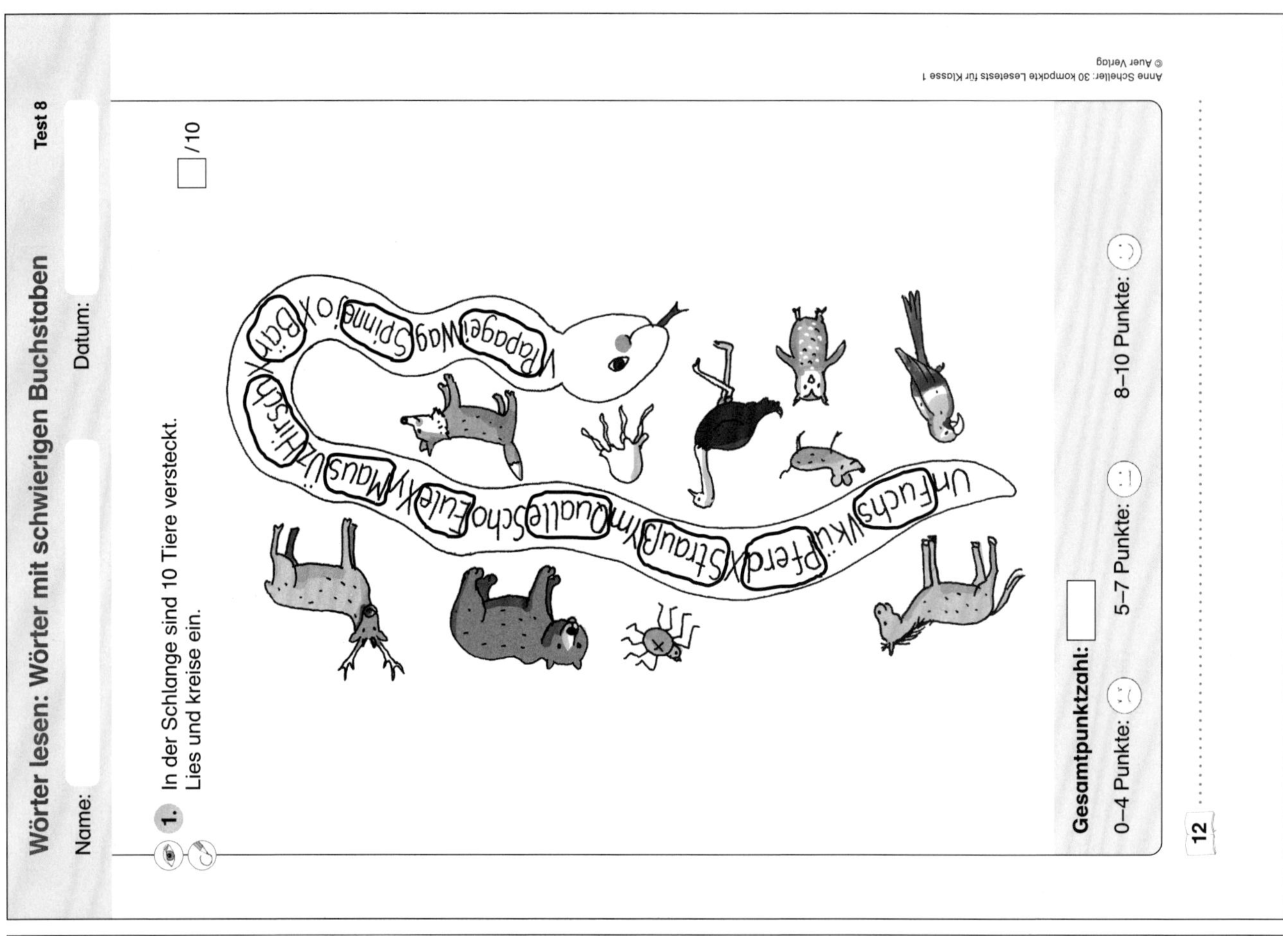

Wörter lesen: Wörter mit schwierigen Buchstaben — Test 8

Name: Datum:

1. In der Schlange sind 10 Tiere versteckt. Lies und kreuse ein. /10

Gesamtpunktzahl:

0–4 Punkte: 5–7 Punkte: 8–10 Punkte:

12

Anne Scheller: 30 kompakte Lesetests für Klasse 1 © Auer Verlag

Wörter lesen: Zusammengesetzte Verben — Test 7

Name: Datum:

1. Was siehst du? Lies und kreuze an. /6

- [X] vorlesen
- [ ] vierlesen

- [ ] vorsieben
- [X] vorsingen

- [X] vertragen
- [ ] vortageln

- [X] vorgehen
- [ ] vergelben

- [ ] vorschinken
- [X] verschenken

- [X] vergessen
- [ ] vergussern

2. Was siehst du? Lies und verbinde. /4

ab — **schreiben** un

um — **armen** ab

hin **über** — **holen**

weg — **laufen** mit

Gesamtpunktzahl:

0–4 Punkte: 5–7 Punkte: 8–10 Punkte:

11

Name: Datum:

Wörter lesen: Zwei Wörter

Test 9

Name: Datum:

1. Lies und male. **Individuelle Lösungen** ☐ /10

ein Brot	zwei Bonbons
drei Bananen	vier Kirschen
fünf Käsescheiben	sechs Kekse
sieben Würstchen	acht Tomaten
neun Karotten	zehn Nudeln

Gesamtpunktzahl: ☐

0–4 Punkte: ☹ 5–7 Punkte: 😐 8–10 Punkte: ☺

Wörter lesen: Mehrere Wörter

Test 10

Name: Datum:

1. Was siehst du?
Lies und kreuze an. ☐ /10

[X] ein Kletterseil	[X] drei Bäume	[ ] vier spielende Kinder
[ ] Opa auf dem Stuhl	[X] Tassen auf dem Tisch	[ ] ein altes Haus
[ ] viele Wolken	[X] große und kleine Blumen	[X] zwei schwarze Vögel
[X] Schmetterlinge am Busch	[X] eine große Schaufel	[X] die Sonne
[ ] ein kläffender Hund	[X] ein neues Fahrrad	[X] Oma am Zaun

Gesamtpunktzahl: ☐

0–4 Punkte: ☹ 5–7 Punkte: 😐 8–10 Punkte: ☺

Sätze lesen: Sehr kurze Sätze

Name: ______________________ Datum: ____________

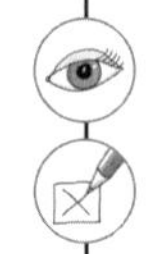

1. Was siehst du?
Lies und kreuze an. ☐ /6

☐ Maja gräbt.
☐ Maja sägt.

☐ Tom rennt.
☐ Tom rutscht.

☐ Es regnet.
☐ Es rollt.

☐ Die Blume brennt.
☐ Die Blume blüht.

☐ Das Pferd fühlt.
☐ Das Pferd frisst.

☐ Die Katze schläft.
☐ Die Katze schaukelt.

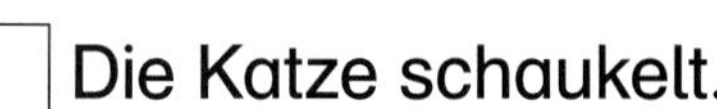

2. Was siehst du?
Lies und verbinde. ☐ /4

Max trinkt Saft.

Max trägt Stiefel.

Das Fahrrad liegt.

Der Flieger fliegt.

Gesamtpunktzahl: ☐

0–4 Punkte: 5–7 Punkte: 8–10 Punkte:

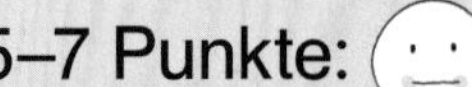

Name: Datum:

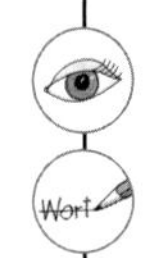

1. Welches Wort passt nicht?
Lies und streiche durch.

☐ /5

Das Licht ist aus/an. 

Der Ranzen ist offen/geschlossen. 

Das Buch ist dünn/dick. 

Der Pulli hat kurze/lange Ärmel. 

Die Flasche ist leer/voll. 

2. Was stimmt?
Lies und schreibe das richtige Wort.

☐ /3

Zum Frühstück isst man ______________________. Mäuse/Masern/Müsli

Zur Schule fährt ein ______________________. Besen/Bus/Buckel

Ein Schulfach heißt ______________________. Kunst/Kitzeln/Keller

Gesamtpunktzahl: ☐

0–3 Punkte: ☹ 4–6 Punkte: 😐 7–8 Punkte: ☺

Name: Datum:

1. Richtig oder falsch?
Lies und kreuze an.

☐ /8

	richtig	falsch
Alle Tiere haben Flügel.	☐	☐
Ein Bleistift malt bunt.	☐	☐
Im Winter ist es immer heiß.	☐	☐
Im Bett kann man schlafen.	☐	☐
Gemüse ist gesund.	☐	☐
Einhörner gibt es wirklich.	☐	☐
Brot macht man aus Mehl.	☐	☐
Alle Omas singen gern.	☐	☐

Gesamtpunktzahl: ☐

0–3 Punkte: ☹ 4–6 Punkte: 😐 7–8 Punkte: 

Sätze lesen: Sätze mit Stolperwort

Name: Datum:

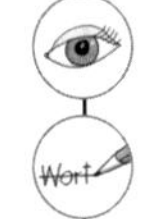

1. Welches Wort ist zu viel?
Lies und streiche durch. /5

Montags geht auf Lina zum Handball.

Ahmed hat ein neues dir Skateboard.

Tonia rennt am ohne schnellsten.

Maxi kann auf zurück einem Einrad fahren.

Die wenn Klasse übt heute auf dem Sportplatz.

2. Wo stehen die falschen Wörter aus Aufgabe 1?
Lies und male aus. /5

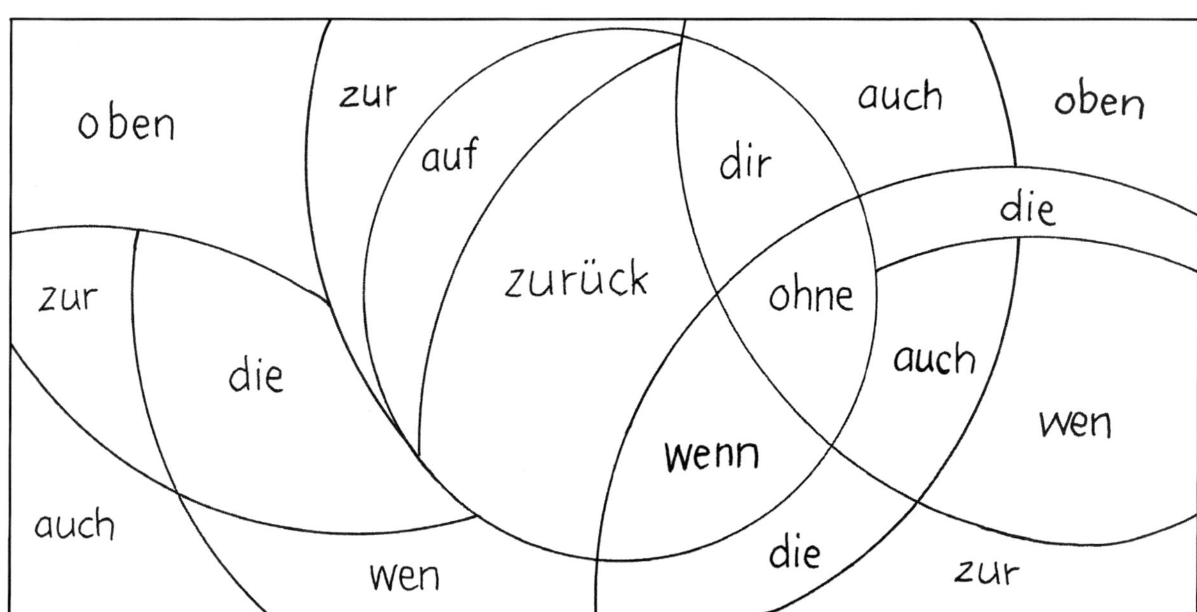

Gesamtpunktzahl:

0–4 Punkte: 5–7 Punkte: 8–10 Punkte:

Name: Datum:

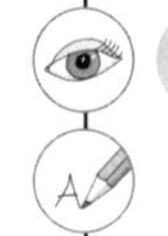

1. Wo enden die Wörter?
Lies und zeichne die Wortgrenzen ein. /9

AMABENDWIRDESDUNKEL.

DERMONDSCHEINT.

EINEEULERUFTSCHAURIG.

2. Welches Bild passt zu den Sätzen in Aufgabe 1?
Kreuze an. /1

☐ ☐ ☐

Gesamtpunktzahl:

0–4 Punkte: 5–7 Punkte: 8–10 Punkte:

Sätze lesen: Längere Sätze I

Name: ______________________ Datum: ______________

1. Welches Wort passt nicht?
Lies und streiche durch. ☐ /5

Kinder gehen jeden Tag in die Schule / Schuhe.

Jedes Kind sitzt an einem Fisch / Tisch.

Die Bücher sind im Rasen / Ranzen.

In der ersten Stunde ist Mama / Mathe.

Manchmal ist es in der Klasse lang / laut.

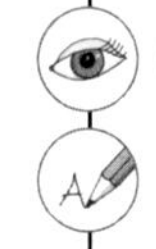

2. Was stimmt?
Lies und schreibe das richtige Wort. ☐ /3

Am Strand spiele ich im ______________________. Sand / Saft

In der ______________________ kocht man Essen. Katze / Küche

Am Abend gehen wir ins ______________________. Bett / Brett

Gesamtpunktzahl: ☐

0–3 Punkte: ☹ 4–6 Punkte: 😐 7–8 Punkte: ☺

Name: Datum:

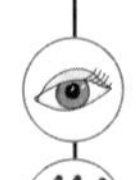

1. Lies und male. /10

Der Himmel ist dunkelblau.

Die großen Sterne sind gelb.

Die kleinen Sterne bleiben weiß.

Der Ring um den Planeten ist grau.

Der Planet ist blau.

Die Spitze der Rakete ist rot.

Die Stützen der Rakete sind schwarz.

Der Fensterrahmen ist blau.

Die Flammen sind gelb und orange.

Wer guckt aus dem Fenster?

Gesamtpunktzahl:

0–4 Punkte: 5–7 Punkte: 8–10 Punkte:

Sätze lesen: Fragesätze

Name: ____________ Datum: ____________

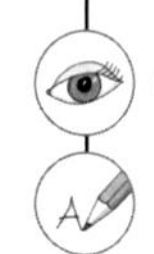

1. Was wird gesucht?
Lies und schreibe die Antworten auf. ☐ /9

Was essen wir oft mit Tomatensoße? 

Was kauft man beim Bäcker? 

Was ist süß und weiß? 

Was ist gelb und krumm? 

Welches Getränk macht man aus Obst? 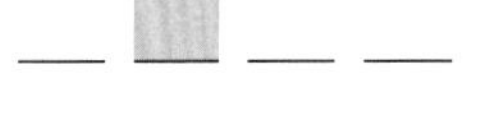

Was trinken Erwachsene gern? 

Welches Gemüse ist rot, rund und saftig? 

Was gibt die Kuh? __ __ __ __ __

Wo liegt das Essen drauf? 

Nudeln

Kaffee

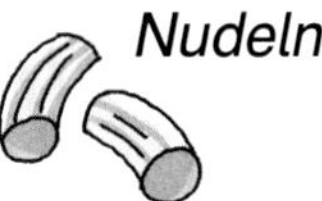
Teller

Zucker

Milch

Tomate

Banane

Saft

Brot

2. Welche Buchstaben stehen in den grauen Feldern?
Schreibe sie von oben nach unten auf. ☐ /1

G __ __ __ __   __ P P __ __ __ __ !

Gesamtpunktzahl: ☐

0–4 Punkte: ☹   5–7 Punkte: 😐   8–10 Punkte: 

Sätze lesen: Satzgefüge I

Name: Datum:

1. Was passt zusammen?
Lies und verbinde. /5

Das brauchst du, wenn du ein Bild malen willst.

Dahin gehst du, wenn du mal musst.

Das ist das Tier, das die größten Ohren hat.

Das ziehst du an, wenn dir kalt ist.

Das nimmst du mit, wenn du in die Schule gehst.

2. Welches Wort passt?
Lies und kreuze an. /5

Hier legst du dich hin, wenn es Abend wird.	☐ Bett ☐ Boden
Das tut dein Körper, wenn es heiß ist.	☐ schweigen ☐ schwitzen
Das ist man, wenn man ein Opa ist.	☐ älter ☐ artig
Wenn die Sonne aufgeht, beginnt er.	☐ Abend ☐ Tag
Das wünschst du dir, wenn du Geburtstag hast.	☐ Geschenke ☐ Geräusche

Gesamtpunktzahl: ☐

0–4 Punkte: 5–7 Punkte: 8–10 Punkte: 

Sätze lesen: Satzgefüge II

Name: Datum:

1. Was stimmt und was nicht?
Lies und kreuze an. /6

	richtig	falsch
Wer in die Schule geht, muss über 10 Jahre alt sein.	☐	☐
Wer ein Haustier hat, soll es gut behandeln.	☐	☐
Wenn man Schnupfen hat, muss man ständig lachen.	☐	☐
Was in Zukunft passiert, kann niemand wissen.	☐	☐
Wer friert, wird ganz grün am Bauch.	☐	☐
Wenn Ferien sind, langweilen sich alle Kinder.	☐	☐

2. Was gehört zusammen?
Lies und verbinde. /4

Es ist ganz normal,	soll sich melden.
Wer etwas sagen will,	welche Hausaufgaben es gibt.
Die Lehrerin sagt,	dass es auch mal Streit gibt.
Obwohl es kalt ist,	spielen die Kinder draußen.

Gesamtpunktzahl:

0–4 Punkte: 5–7 Punkte: 8–10 Punkte:

Lösungen

Name: Datum:

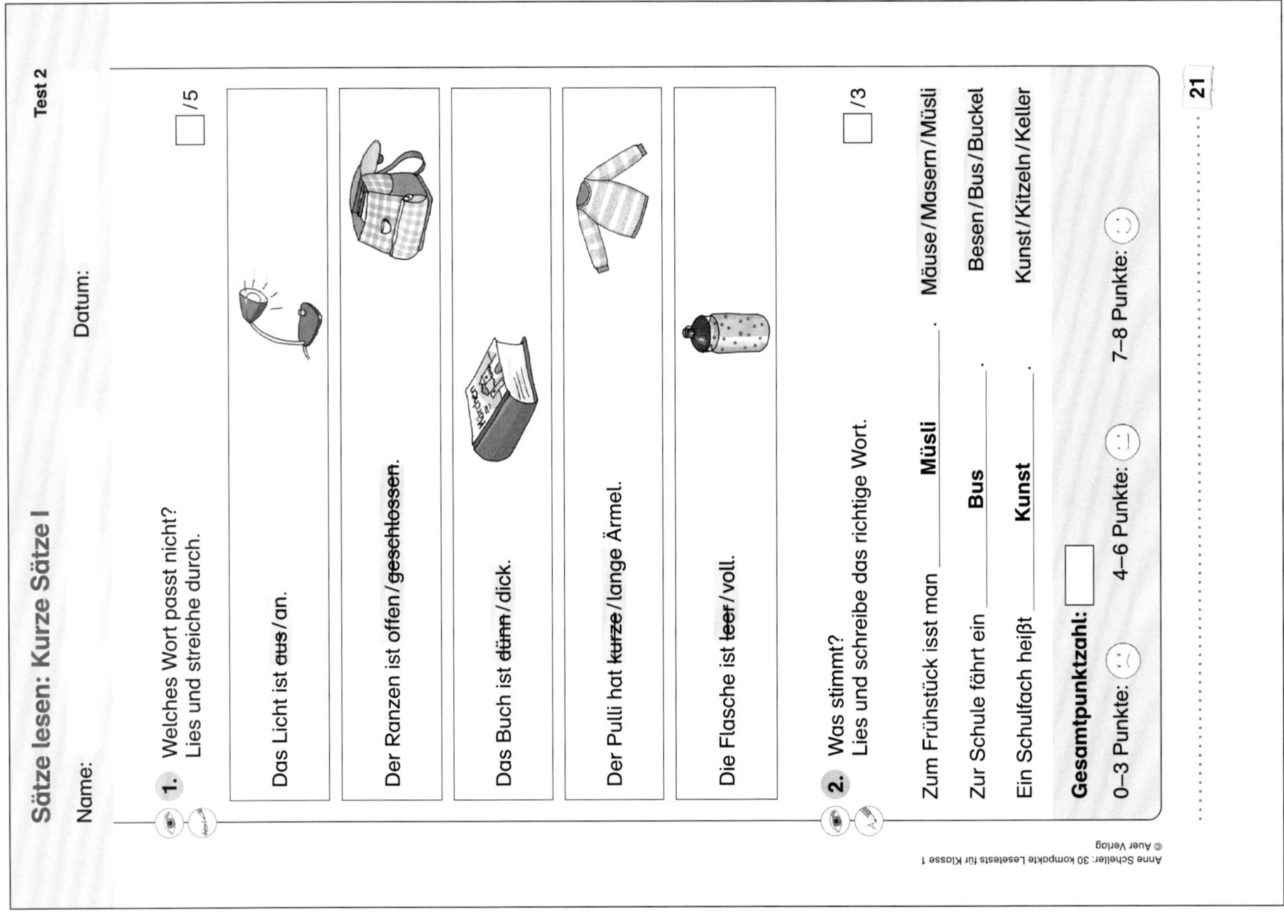

Sätze lesen: Kurze Sätze I

Test 2

Name: Datum:

1. Welches Wort passt nicht? Lies und streiche durch. /5

- Das Licht ist ~~aus~~/an.
- Der Ranzen ist offen/~~geschlossen~~.
- Das Buch ist ~~dünn~~/dick.
- Der Pulli hat ~~kurze~~/lange Ärmel.
- Die Flasche ist ~~leer~~/voll.

2. Was stimmt? Lies und schreibe das richtige Wort. /3

- Zum Frühstück isst man **Müsli**. Mäuse/Masern/Müsli
- Zur Schule fährt ein **Bus**. Besen/Bus/Buckel
- Ein Schulfach heißt **Kunst**. Kunst/Kitzeln/Keller

Gesamtpunktzahl:

0–3 Punkte: 4–6 Punkte: 7–8 Punkte:

21

Anne Scheller: 30 kompakte Lesetests für Klasse 1 © Auer Verlag

Sätze lesen: Sehr kurze Sätze

Test 1

Name: Datum:

1. Was siehst du? Lies und kreuze an. /6

- [x] Maja gräbt.
- [ ] Maja sägt.

- [ ] Tom rennt.
- [x] Tom rutscht.

- [x] Es regnet.
- [ ] Es rollt.

- [ ] Die Blume brennt.
- [x] Die Blume blüht.

- [ ] Das Pferd fühlt.
- [x] Das Pferd frisst.

- [x] Die Katze schläft.
- [ ] Die Katze schaukelt.

2. Was siehst du? Lies und verbinde. /4

- Max trinkt Saft.
- Max trägt Stiefel.
- Das Fahrrad liegt.
- Der Flieger fliegt.

Gesamtpunktzahl:

0–4 Punkte: 5–7 Punkte: 8–10 Punkte:

20

Anne Scheller: 30 kompakte Lesetests für Klasse 1 © Auer Verlag

Name: Datum:

Sätze lesen: Kurze Sätze II

Test 3

Name: Datum:

1. Richtig oder falsch?
Lies und kreuze an. ☐ /8

	richtig	falsch
Alle Tiere haben Flügel.	☐	X
Ein Bleistift malt bunt.	☐	X
Im Winter ist es immer heiß.	☐	X
Im Bett kann man schlafen.	X	☐
Gemüse ist gesund.	X	☐
Einhörner gibt es wirklich.	☐	X
Brot macht man aus Mehl.	X	☐
Alle Omas singen gern.	☐	X

Gesamtpunktzahl: ☐

0–3 Punkte: ☹ 4–6 Punkte: 😐 7–8 Punkte: ☺

Sätze lesen: Sätze mit Stolperwort

Test 4

Name: Datum:

1. Welches Wort ist zu viel?
Lies und streiche durch. ☐ /5

Montags geht ~~auf~~ Lina zum Handball.

Ahmed hat ein neues ~~dir~~ Skateboard.

Tonia rennt am ~~ohne~~ schnellsten.

Maxi kann auf ~~zurück~~ einem Einrad fahren.

Die ~~wenn~~ Klasse übt heute auf dem Sportplatz.

2. Wo stehen die falschen Wörter aus Aufgabe 1?
Lies und male aus. ☐ /5

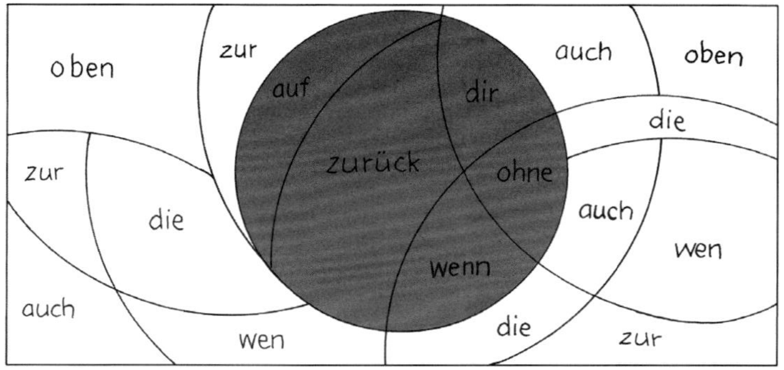

oben zur auf dir auch oben
die
zur die zurück ohne auch
wen
auch wenn
wen die zur

Gesamtpunktzahl: ☐

0–4 Punkte: ☹ 5–7 Punkte: 😐 8–10 Punkte: ☺

Name: Datum:

Sätze lesen: Satzschlangen

Test 5

Name: Datum:

1. Wo enden die Wörter?
Lies und zeichne die Wortgrenzen ein. /9

AM | ABEND / WIRD | ES \ DUNKEL.

DER | MOND / SCHEINT.

EINE | EULE / RUFT \ SCHAURIG.

2. Welches Bild passt zu den Sätzen in Aufgabe 1?
Kreuze an. /1

☐ ☒ ☐

Gesamtpunktzahl:

0–4 Punkte: ☹ 5–7 Punkte: 😐 8–10 Punkte: ☺

Sätze lesen: Längere Sätze I

Test 6

Name: Datum:

1. Welches Wort passt nicht?
Lies und streiche durch. /5

Kinder gehen jeden Tag in die Schule/~~Schuhe~~.

Jedes Kind sitzt an einem ~~Fisch~~/Tisch.

Die Bücher sind im ~~Rasen~~/Ranzen.

In der ersten Stunde ist ~~Mama~~/Mathe.

Manchmal ist es in der Klasse ~~lang~~/laut.

2. Was stimmt?
Lies und schreibe das richtige Wort. /3

Am Strand spiele ich im **Sand**. Sand/Saft

In der **Küche** kocht man Essen. Katze/Küche

Am Abend gehen wir ins **Bett**. Bett/Brett

Gesamtpunktzahl:

0–3 Punkte: ☹ 4–6 Punkte: 😐 7–8 Punkte: ☺

Sätze lesen: Längere Sätze II

Test 7

Name: Datum:

1. Lies und male. /10

Der Himmel ist dunkelblau.

Die großen Sterne sind gelb.

Die kleinen Sterne bleiben weiß.

Der Ring um den Planeten ist grau.

Der Planet ist blau.

Die Spitze der Rakete ist rot.

Die Stützen der Rakete sind schwarz.

Der Fensterrahmen ist blau.

Die Flammen sind gelb und orange.

Wer guckt aus dem Fenster?

Gesamtpunktzahl:

0–4 Punkte: ☹ 5–7 Punkte: 😐 8–10 Punkte: ☺

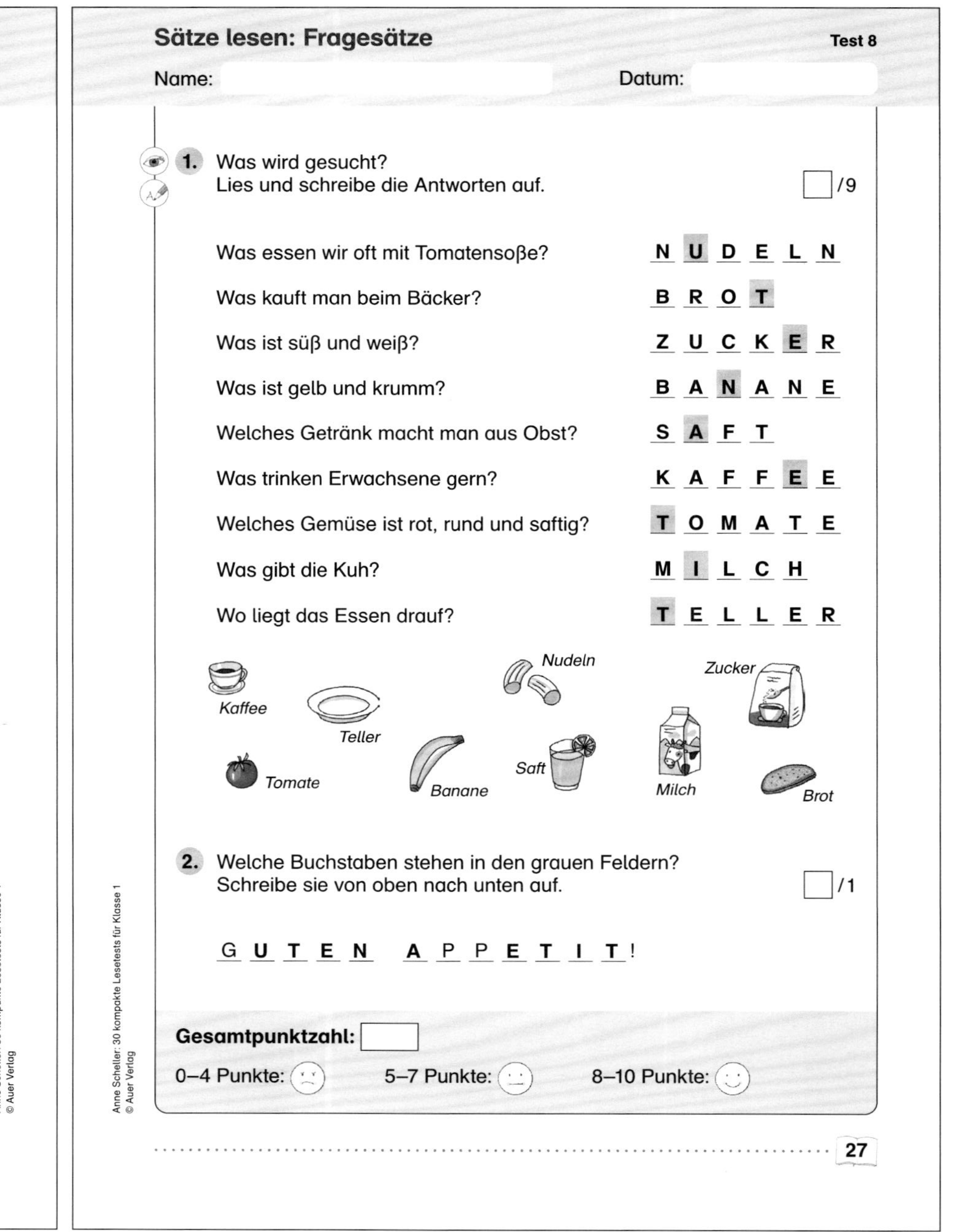

Sätze lesen: Fragesätze

Test 8

Name: Datum:

1. Was wird gesucht?
Lies und schreibe die Antworten auf. /9

Was essen wir oft mit Tomatensoße?	N U D E L N
Was kauft man beim Bäcker?	B R O T
Was ist süß und weiß?	Z U C K E R
Was ist gelb und krumm?	B A N A N E
Welches Getränk macht man aus Obst?	S A F T
Was trinken Erwachsene gern?	K A F F E E
Welches Gemüse ist rot, rund und saftig?	T O M A T E
Was gibt die Kuh?	M I L C H
Wo liegt das Essen drauf?	T E L L E R

2. Welche Buchstaben stehen in den grauen Feldern?
Schreibe sie von oben nach unten auf. /1

G U T E N A P P E T I T !

Gesamtpunktzahl:

0–4 Punkte: ☹ 5–7 Punkte: 😐 8–10 Punkte: ☺

Name: Datum:

Sätze lesen: Satzgefüge I

Test 9

Name: Datum:

1. Was passt zusammen?
Lies und verbinde. /5

- Das brauchst du, wenn du ein Bild malen willst.
- Dahin gehst du, wenn du mal musst.
- Das ist das Tier, das die größten Ohren hat.
- Das ziehst du an, wenn dir kalt ist.
- Das nimmst du mit, wenn du in die Schule gehst.

2. Welches Wort passt?
Lies und kreuze an. /5

Hier legst du dich hin, wenn es Abend wird.	[X] Bett [ ] Boden
Das tut dein Körper, wenn es heiß ist.	[ ] schweigen [X] schwitzen
Das ist man, wenn man ein Opa ist.	[X] älter [ ] artig
Wenn die Sonne aufgeht, beginnt er.	[ ] Abend [X] Tag
Das wünschst du dir, wenn du Geburtstag hast.	[X] Geschenke [ ] Geräusche

Gesamtpunktzahl:

0–4 Punkte: ☹ 5–7 Punkte: 😐 8–10 Punkte: ☺

Sätze lesen: Satzgefüge II

Test 10

Name: Datum:

1. Was stimmt und was nicht?
Lies und kreuze an. /6

	richtig	falsch
Wer in die Schule geht, muss über 10 Jahre alt sein.	[ ]	[X]
Wer ein Haustier hat, soll es gut behandeln.	[X]	[ ]
Wenn man Schnupfen hat, muss man ständig lachen.	[ ]	[X]
Was in Zukunft passiert, kann niemand wissen.	[X]	[ ]
Wer friert, wird ganz grün am Bauch.	[ ]	[X]
Wenn Ferien sind, langweilen sich alle Kinder.	[ ]	[X]

2. Was gehört zusammen?
Lies und verbinde. /4

Es ist ganz normal,	soll sich melden.
Wer etwas sagen will,	welche Hausaufgaben es gibt.
Die Lehrerin sagt,	dass es auch mal Streit gibt.
Obwohl es kalt ist,	spielen die Kinder draußen.

Gesamtpunktzahl:

0–4 Punkte: ☹ 5–7 Punkte: 😐 8–10 Punkte: ☺

Name: ______________________ Datum: __________

1. Wer sagt was?
Lies und verbinde. ☐ /5

Mein Name ist Jonas.
Ich bin gern draußen.
Meine Lieblingsfarbe
ist grün.

____

____

Ich bin Konsti und schon
acht Jahre alt. Ich male
sehr gern.

Ich bin Lara. Heute ist
mein achter Geburtstag.
Ich freue mich so!

____

____

Ich bin Fluppi. Helena hat
mich zum Geburtstag
bekommen. Heu und Gras
schmecken mir am besten.

Ich heiße Sinem und kann
gut turnen. Ich bin sogar
schon mal im Zirkus
aufgetreten!

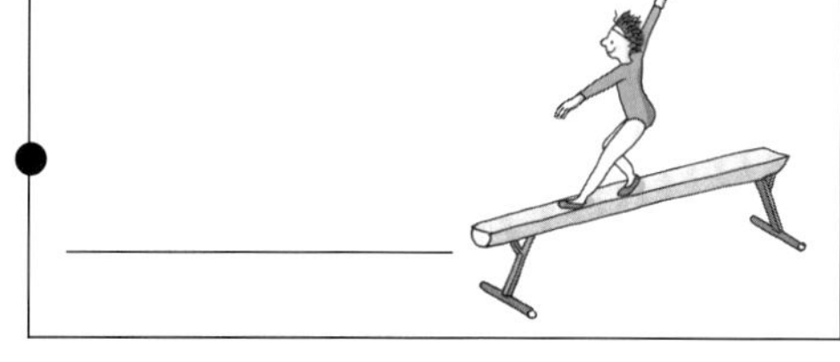

____

2. Schreibe die Namen zu den Bildern. ☐ /5

Gesamtpunktzahl: ☐

0–4 Punkte: ☹ 5–7 Punkte: 😐 8–10 Punkte: ☺

Name: Datum:

1. Wer oder was wird gesucht?
Lies und kreuze an. /6

Hier gibt es Akrobaten. Sie zeigen tolle Tricks. Es gibt eine Manege. ☐ Zoo ☐ Zirkus	Ich bin riesig. Ich habe oft Streifen. Viele Menschen passen hinein. ☐ Zirkuszelt ☐ Wohnwagen
Ich mache Quatsch. Ich habe eine rote Nase. Meine Hosen sind zu kurz. ☐ Kellner ☐ Clown	Ich tanze auf dem Seil oder springe durch die Luft. Mein Kostüm glitzert. ☐ Affe ☐ Artist
Ich bin ein Kuscheltier. In echt lebe ich im Wald. Ich bin schwarz-weiß. ☐ Pony ☐ Panda	Abrakadabra! Alle staunen über meine Tricks. Ich kann Leute verschwinden lassen. ☐ Zugführerin ☐ Zauberin

Gesamtpunktzahl:

0–2 Punkte: 3–4 Punkte: 5–6 Punkte:

Name: Datum:

1. Lies die Geschichte.

Winni wohnt in einem  aus Süßem.

Sie hat eine krumme 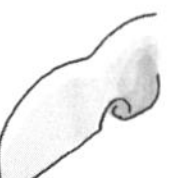 .

Sie trägt einen spitzen  .

Sie zaubert mit einem  .

Am liebsten isst sie leckere  .

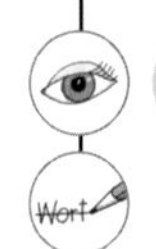

1. Welches Wort passt nicht?
Lies und streiche durch. /8

Die Person in der Geschichte heißt Winni/Wilma.

Sie lebt in einem Hochhaus/Lebkuchenhaus.

Ihre Nase ist kaputt/krumm.

Auf dem Kopf hat sie ein Haar/einen Hut.

Ihr Hut ist schön/spitz.

Sie backt/isst gern Kekse.

Sie kann zaubern/säubern.

Sie ist eine Ritterin/Hexe.

Gesamtpunktzahl: 

0–3 Punkte: 4–6 Punkte:  7–8 Punkte:

 Test 4

Name: Datum:

1. Lies die Geschichte.

Zwei Faultiere haben Hunger.
Sie sehen leckere Blätter.
Doch zuerst müssen sie
über eine Straße.
„Ich geh rüber", sagt das eine Faultier.
Das andere ruft: „Pass bloß auf!
In einer Stunde kommt ein Auto."

2. Was passt zur Geschichte und was nicht?
Male die richtigen Bilder an.
Streiche die falschen durch.

/10

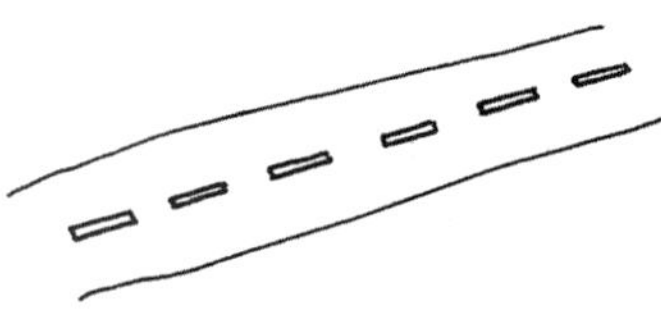

Gesamtpunktzahl:

0–4 Punkte: 5–7 Punkte: 8–10 Punkte: 

Name: Datum:

1. Lies den Sachtext.

Rotkehlchen sind kleine Vögel mit schwarzen Augen. Das Gefieder der Brust ist rot. Der Rücken ist hellbraun und der Bauch weiß. An den Seiten ist etwas grau. Der Vogel singt schön. Er badet gern und sonnt sich oft.

2. Wie sieht das Rotkehlchen aus? Male.

☐ /5

3. Was tut das Rotkehlchen? Lies und kreuze an.

☐ /3

☐ sich sonnen ☐ baden ☐ malen ☐ singen

Gesamtpunktzahl: ☐

0–3 Punkte: ☹ 4–6 Punkte: 😐 7–8 Punkte: ☺

Name: Datum:

1. Lies die Geschichte.

Eine lustige Idee

Lia isst eine Banane. Da hat sie eine Idee. Lia fragt ihre Freundin Kati: „Kann ein Auto über eine Bananenschale fahren?“ Kati lacht. Sie weiß es nicht!

Lia und Kati laufen nach draußen. Sie werfen die Schale der Banane auf die Straße. Ein Auto kommt. Nichts passiert. Jetzt lachen beide! Dann holen sie vorsichtig die Schale und werfen sie in den Mülleimer für Bio-Abfälle.

Name: Datum:

2. Welche Antwort ist richtig?
Lies und kreuze an. ☐ /3

Was isst Lia? ☐ ☐

Was hat Lia? ☐ ☐

Mit wem spricht Lia? ☐ Kai ☐ Kati

3. Was fragt Lia?
Lies und schreibe. ☐ /2

Kann das ______________ über eine

______________ fahren?

4. Was ist richtig?
Lies und streiche die falschen Wörter durch. ☐ /5

Lia und Kati gehen nach drinnen/draußen.

Sie werfen die Banane auf die Straße/Schule.

Ein Auto/Lkw kommt.

Es passiert etwas/nichts.

Die Bananenschale kommt in den Biomüll/Bauch.

Gesamtpunktzahl: ☐

0–4 Punkte: 5–7 Punkte: 8–10 Punkte:

Texte lesen: Fantasiegeschichte II

Test 7

Name:

Datum:

1. Lies die Geschichte.

Das magische Karussell

Mira und Ben sind auf dem Volksfest. Sie wollen Karussell fahren. Mira steigt in einen Bus. Ben sitzt auf einem Pferd. Dann geht es los.

Das Karussell dreht sich schneller. Es fährt so schnell, dass der Bus und das Pferd abheben. Mira und Ben fliegen! Sie fühlen sich ganz leicht und fröhlich und haben keine Angst. Bus und Pferd landen wieder. Das war ein eine magische Fahrt!

Name: Datum:

2. Wie heißen die Kinder?
Schreibe. /2

______________________ und ______________________

3. Womit fahren die Kinder?
Verbinde. /2

4. Was passiert wann?
Schreibe 1, 2 und 3 in die Kreise. /3

◯ landen ◯ abheben ◯ fliegen

5. Welche Wörter stehen in der Geschichte?
Lies und kreise ein. /3

fröhlich seltsam magisch ängstlich leicht

Gesamtpunktzahl:

0–4 Punkte: 5–7 Punkte: 8–10 Punkte:

Name: Datum:

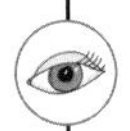

1. Lies die Geschichte.

Der erste Schultag

Mario ist aufgeregt. Er kommt endlich in die Schule! Den Ranzen hat er schon. Er ist blau mit Sternen und Regenbogen. Mario hat auch eine Brotdose und eine Flasche.

Nur eins hat er nicht: eine Schultüte! Mama und Papa haben keine für ihn gekauft. Und er hat sich nicht getraut, danach zu fragen.

In der Schule werden die Kinder in ihre Klassen geschickt. Sie haben die erste Schulstunde. Danach kommen sie wieder heraus. Die Lehrerin ruft: „Überraschung!“ Da sind endlich die Schultüten! Jedes Kind bekommt eine, auch Mario.

Name: Datum:

2. Welche Antwort ist richtig?
Lies und kreuze an. ☐ /3

Wie heißt das Kind?	☐ Marco	☐ Mario
Welcher Tag ist heute?	☐ Einschulung	☐ Wochenende
Wie fühlt sich das Kind?	☐ aufgeregt	☐ ärgerlich

3. Wie sieht der Ranzen aus?
Male. ☐ /3

4. Was hat Mario bekommen?
Lies und kreise ein. ☐ /3

Ranzen Sonnenbrille Flasche Brotdose Turnbeutel

5. Was sagt die Lehrerin?
Kreise das Wort in der Geschichte ein. ☐ /1

Gesamtpunktzahl: ☐

0–4 Punkte: ☹ 5–7 Punkte: 😐 8–10 Punkte: ☺

Name: Datum:

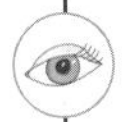

1. Lies den Sachtext.

Alles über Delfine

Delfine sind im Wasser zu Hause. Sie sind Säugetiere. Es gibt fast 40 verschiedene Arten Delfine.

Delfine können schnell schwimmen. Oft springen sie aus dem Wasser und schlagen sogar Saltos!

Delfine sind klug. Sie haben eine eigene Sprache. Diese klingt für uns wie ein Pfeifen.

Delfine sind neugierig. Oft schwimmen sie zu Menschen oder Booten. Möchtest du mal einen Delfin streicheln?

Name: Datum:

2. Was ist richtig?
Lies und kreuze an. /4

☐ Delfine sind sehr klug.

☐ Delfine leben im Wald.

☐ Es gibt fast 40 Arten Delfine.

☐ Delfine haben eine eigene Sprache.

☐ Delfine können schnell rennen.

☐ Delfine schlagen Saltos.

3. Lies noch einmal die falschen Sätze in Nummer 2.
Streiche jeweils ein falsches Wort durch.
Schreibe ein richtiges Wort daneben. /2

4. Wie sind Delfine?
Lies und kreise ein. /3

neugierig langsam klug dumm schnell

5. Was steht am Ende des Textes?
Lies und streiche das falsche Wort durch. /1

Möchtest du mal einen Delfin sehen/streicheln?

Gesamtpunktzahl:

0–4 Punkte: ☹ 5–7 Punkte: 😐 8–10 Punkte: ☺

Name: ____________________ Datum: __________

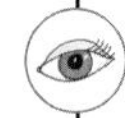

1. Lies das Märchen.

Die drei Wölfe

Es war einmal ein weiser Zauberer. Er machte eine lange Wanderung. In der ersten Nacht heulte ein Wolf. Es klang schaurig und der Zauberer zitterte.

In der zweiten Nacht heulte wieder ein Wolf. Der Zauberer weinte vor Angst.

In der dritten Nacht heulte ein dritter Wolf. Der Zauberer versteckte sich und rief: „Was wollt ihr von mir?“

Da antwortete der Wolf: „Ich bin nur ein Wolf. Ich habe mir den Schwanz geklemmt. Auuua!“

Name: Datum:

2. Wie beginnt die Geschichte?
Schreibe. /1

einmal
war Es

3. Wer kommt in der Geschichte vor?
Male aus. /2

4. Was passiert in welcher Nacht?
Schreibe 1, 2 und 3 in die Kreise. /3

○ weinen ○ zittern ○ sich verstecken

5. Welche Antwort ist richtig?
Lies und kreuze an. /4

Wie heißt der Zauberer?	☐ Zorro	☐ nicht bekannt
Was tut der Zauberer?	☐ Wanderung	☐ Zauberkurs
Wie viele Wölfe gibt es?	☐ drei	☐ einen
Was hat der Wolf?	☐ Schwanz eingeklemmt	☐ Rudel verloren

Gesamtpunktzahl: ☐

0–4 Punkte: ☹ 5–7 Punkte: 😐 8–10 Punkte: ☺

Name: Datum:

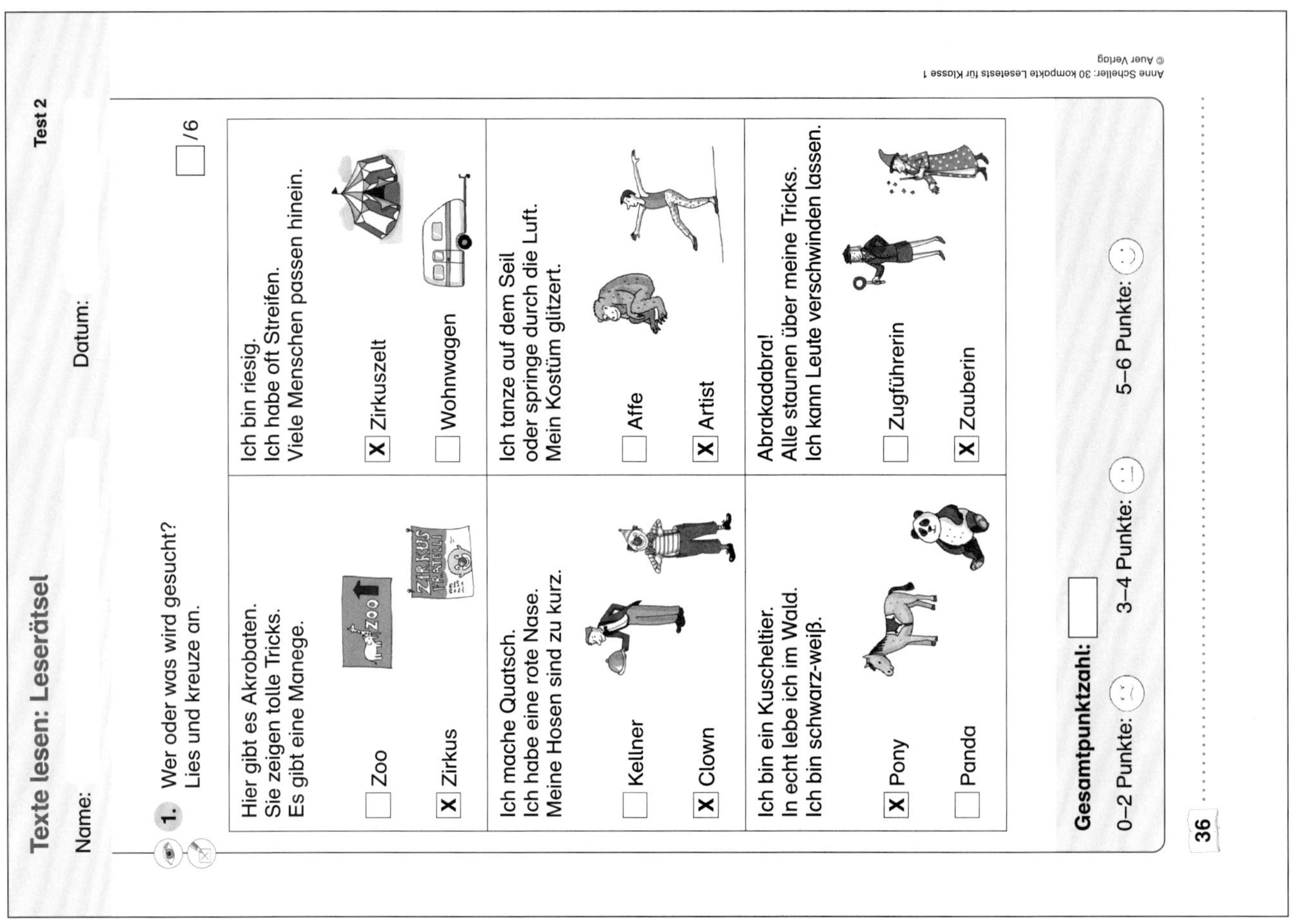
Texte lesen: Leserätsel

Name: Datum: **Test 2**

1. Wer oder was wird gesucht?
Lies und kreuze an. /6

Hier gibt es Akrobaten. Sie zeigen tolle Tricks. Es gibt eine Manege. ☐ Zoo ☒ Zirkus	Ich bin riesig. Ich habe oft Streifen. Viele Menschen passen hinein. ☒ Zirkuszelt ☐ Wohnwagen
Ich mache Quatsch. Ich habe eine rote Nase. Meine Hosen sind zu kurz. ☐ Kellner ☒ Clown	Ich tanze auf dem Seil oder springe durch die Luft. Mein Kostüm glitzert. ☐ Affe ☒ Artist
Ich bin ein Kuscheltier. In echt lebe ich im Wald. Ich bin schwarz-weiß. ☒ Pony ☐ Panda	Abrakadabra! Alle staunen über meine Tricks. Ich kann Leute verschwinden lassen. ☐ Zugführerin ☒ Zauberin

Gesamtpunktzahl:

0–2 Punkte: ☹ 3–4 Punkte: 😐 5–6 Punkte: ☺

Anne Scheller: 30 kompakte Lesetests für Klasse 1
© Auer Verlag

36

Texte lesen: Sehr kurze Texte

Name: Datum: **Test 1**

1. Wer sagt was?
Lies und verbinde. /5

Mein Name ist Jonas. Ich bin gern draußen. Meine Lieblingsfarbe ist grün.	**Lara**
Fluppi	Ich bin Konsti und schon acht Jahre alt. Ich male sehr gern.
Ich bin Lara. Heute ist mein achter Geburtstag. Ich freue mich so!	**Jonas**
Konsti	Ich bin Fluppi. Helena hat mich zum Geburtstag bekommen. Heu und Gras schmecken mir am besten.
Ich heiße Sinem und kann gut turnen. Ich bin sogar schon mal im Zirkus aufgetreten!	**Sinem**

2. Schreibe die Namen zu den Bildern. /5

Gesamtpunktzahl:

0–4 Punkte: ☹ 5–7 Punkte: 😐 8–10 Punkte: ☺

Anne Scheller: 30 kompakte Lesetests für Klasse 1
© Auer Verlag

35

Name: Datum:

Texte lesen: Text mit Bildwörtern

Test 3

Name: Datum:

1. Lies die Geschichte.

Winni wohnt in einem [Bild: Haus] aus Süßem.

Sie hat eine krumme [Bild: Nase].

Sie trägt einen spitzen [Bild: Hut].

Sie zaubert mit einem [Bild: Zauberstab].

Am liebsten isst sie leckere [Bild: Kekse].

1. Welches Wort passt nicht?
Lies und streiche durch.

☐ /8

Die Person in der Geschichte heißt Winni/~~Wilma~~.

Sie lebt in einem ~~Hochhaus~~/Lebkuchenhaus.

Ihre Nase ist ~~kaputt~~/krumm.

Auf dem Kopf hat sie ~~ein Haar~~/einen Hut.

Ihr Hut ist ~~schön~~/spitz.

Sie ~~backt~~/isst gern Kekse.

Sie kann zaubern/~~säubern~~.

Sie ist eine ~~Ritterin~~/Hexe.

Gesamtpunktzahl: ☐

0–3 Punkte: ☹ 4–6 Punkte: 😐 7–8 Punkte: ☺

Texte lesen: Lustige Geschichte

Test 4

Name: Datum:

1. Lies die Geschichte.

Zwei Faultiere haben Hunger.
Sie sehen leckere Blätter.
Doch zuerst müssen sie
über eine Straße.
„Ich geh rüber", sagt das eine Faultier.
Das andere ruft: „Pass bloß auf!
In einer Stunde kommt ein Auto."

2. Was passt zur Geschichte und was nicht?
Male die richtigen Bilder an.
Streiche die falschen durch.

☐ /10

Gesamtpunktzahl: ☐

0–4 Punkte: ☹ 5–7 Punkte: 😐 8–10 Punkte: ☺

Name: Datum:

Texte lesen: Sachtext

Test 5

Name: Datum:

1. Lies den Sachtext.

Rotkehlchen sind kleine Vögel mit schwarzen Augen. Das Gefieder der Brust ist rot. Der Rücken ist hellbraun und der Bauch weiß. An den Seiten ist etwas grau. Der Vogel singt schön. Er badet gern und sonnt sich oft.

2. Wie sieht das Rotkehlchen aus? Male. ☐ /5

1 = rot
2 = schwarz
3 = hellbraun
4 = weiß
5 = hellgrau

3. Was tut das Rotkehlchen? Lies und kreuze an. ☐ /3

☒ sich sonnen ☒ baden ☐ malen ☒ singen

Gesamtpunktzahl: ☐

0–3 Punkte: ☹ 4–6 Punkte: 😐 7–8 Punkte: ☺

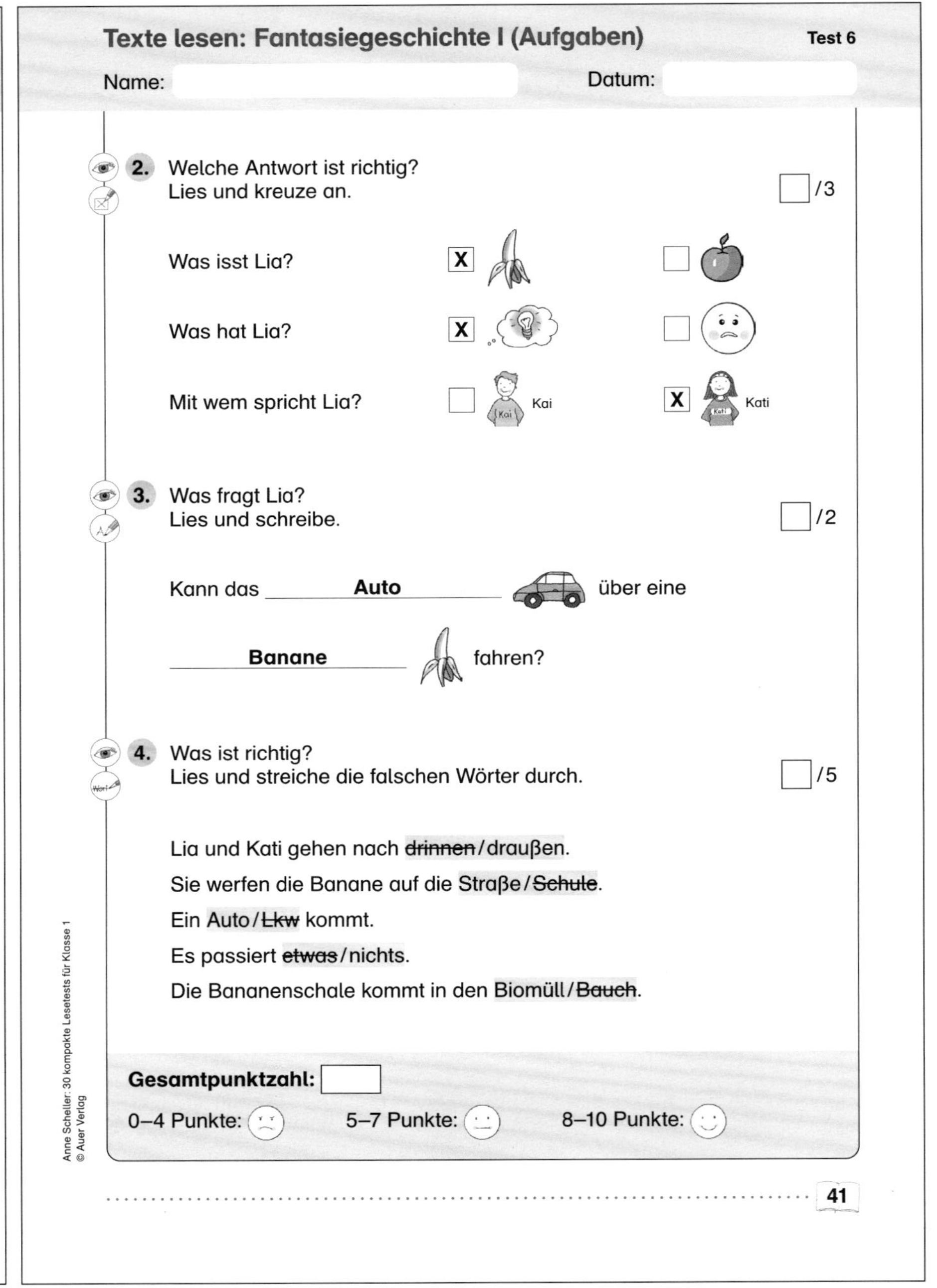

Texte lesen: Fantasiegeschichte I (Aufgaben)

Test 6

Name: Datum:

2. Welche Antwort ist richtig? Lies und kreuze an. ☐ /3

Was isst Lia? ☒ ☐

Was hat Lia? ☒ ☐

Mit wem spricht Lia? ☐ Kai ☒ Kati

3. Was fragt Lia? Lies und schreibe. ☐ /2

Kann das **Auto** über eine **Banane** fahren?

4. Was ist richtig? Lies und streiche die falschen Wörter durch. ☐ /5

Lia und Kati gehen nach ~~drinnen~~/draußen.
Sie werfen die Banane auf die Straße/~~Schule~~.
Ein Auto/~~Lkw~~ kommt.
Es passiert ~~etwas~~/nichts.
Die Bananenschale kommt in den Biomüll/~~Bauch~~.

Gesamtpunktzahl: ☐

0–4 Punkte: ☹ 5–7 Punkte: 😐 8–10 Punkte: ☺

Name: Datum:

Texte lesen: Fantasiegeschichte II (Aufgaben)

Test 7

Name: Datum:

2. Wie heißen die Kinder?
Schreibe. /2

Mira und **Ben**

3. Womit fahren die Kinder?
Verbinde. /2

4. Was passiert wann?
Schreibe 1, 2 und 3 in die Kreise. /3

(3) landen (1) abheben (2) fliegen

5. Welche Wörter stehen in der Geschichte?
Lies und kreise ein. /3

(fröhlich) seltsam (magisch) ängstlich (leicht)

Gesamtpunktzahl:

0–4 Punkte: 5–7 Punkte: 8–10 Punkte:

Texte lesen: Erlebnisgeschichte (Aufgaben)

Test 8

Name: Datum:

2. Welche Antwort ist richtig?
Lies und kreuze an. /3

Wie heißt das Kind?	☐ Marco	☒ Mario
Welcher Tag ist heute?	☒ Einschulung	☐ Wochenende
Wie fühlt sich das Kind?	☒ aufgeregt	☐ ärgerlich

3. Wie sieht der Ranzen aus?
Male. /3

Blau mit Sternen und Regenbogen

4. Was hat Mario bekommen?
Lies und kreise ein. /3

(Ranzen) Sonnenbrille (Flasche) (Brotdose) Turnbeutel

5. Was sagt die Lehrerin?
Kreise das Wort in der Geschichte ein. /1
Überraschung

Gesamtpunktzahl:

0–4 Punkte: 5–7 Punkte: 8–10 Punkte:

Name: Datum:

Texte lesen: Längerer Sachtext (Aufgaben)

Test 9

Name: Datum:

2. Was ist richtig?
Lies und kreuze an. ☐ /4

- [X] Delfine sind sehr klug.
- [ ] Delfine leben im ~~Wald~~. **Wasser/Meer**
- [X] Es gibt fast 40 Arten Delfine.
- [X] Delfine haben eine eigene Sprache.
- [ ] Delfine können schnell ~~rennen~~. **schwimmen**
- [X] Delfine schlagen Saltos.

3. Lies noch einmal die falschen Sätze in Nummer 2.
Streiche jeweils ein falsches Wort durch.
Schreibe ein richtiges Wort daneben. ☐ /2

4. Wie sind Delfine?
Lies und kreise ein. ☐ /3

(neugierig) langsam (klug) dumm (schnell)

5. Was steht am Ende des Textes?
Lies und streiche das falsche Wort durch. ☐ /1

Möchtest du mal einen Delfin ~~sehen~~/streicheln?

Gesamtpunktzahl: ☐

0–4 Punkte: ☹ 5–7 Punkte: 😐 8–10 Punkte: ☺

Texte lesen: Märchen (Aufgaben)

Test 10

Name: Datum:

2. Wie beginnt die Geschichte?
Schreibe. ☐ /1

einmal
war Es

Es war einmal

3. Wer kommt in der Geschichte vor?
Male aus. ☐ /2

4. Was passiert in welcher Nacht?
Schreibe 1, 2 und 3 in die Kreise. ☐ /3

(2) weinen (1) zittern (3) sich verstecken

5. Welche Antwort ist richtig?
Lies und kreuze an. ☐ /4

Wie heißt der Zauberer?	☐ Zorro	☒ nicht bekannt
Was tut der Zauberer?	☒ Wanderung	☐ Zauberkurs
Wie viele Wölfe gibt es?	☐ drei	☒ einen
Was hat der Wolf?	☒ Schwanz eingeklemmt	☐ Rudel verloren

Gesamtpunktzahl: ☐

0–4 Punkte: ☹ 5–7 Punkte: 😐 8–10 Punkte: ☺

Name: Datum:

Urkunde
Name
aus der Klasse
hat Lesetest(s) bestanden
Anzahl
und ist jetzt
Leseprofi
Ort, Datum
Unterschrift
ABC

Lesezeichen

Name:

Datum:

So geht's:

1. Lesezeichen anmalen und ausschneiden.

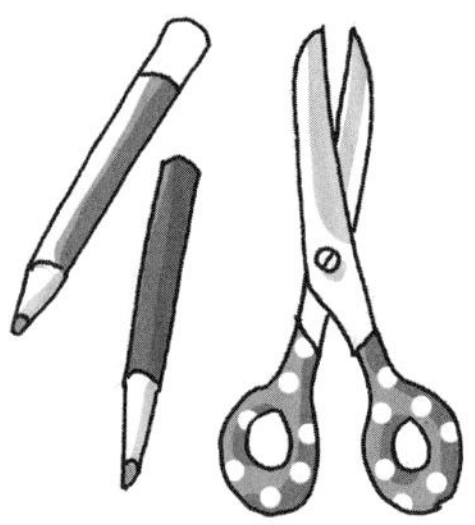

2. Oben mit dem Locher ein Loch machen.

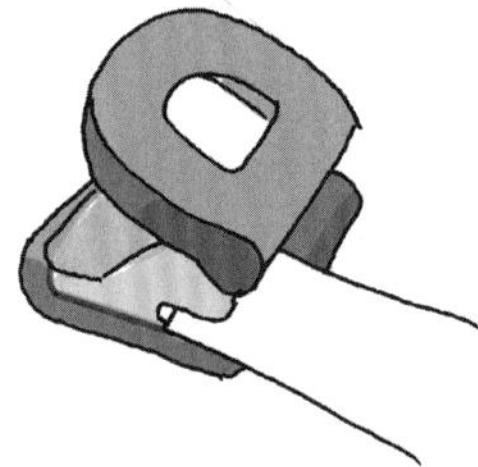

3. Schnur abschneiden.

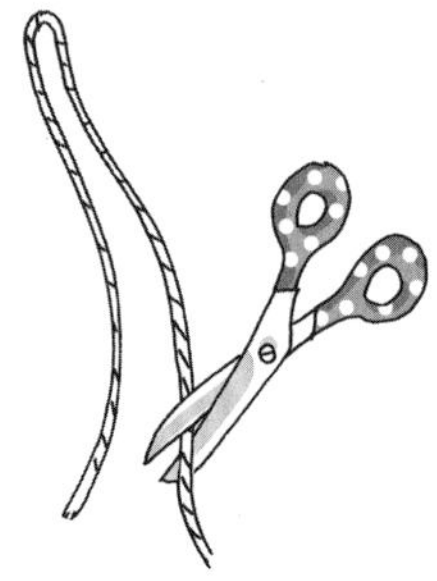

4. Schnur durch das Loch schieben und verknoten.